CONTENTS

목차

갓스토리 구성

- **학생용 공과**

낮은 수준부터 6컷의 만화와 높은 수준까지의 질문과 활동이 담겨져 있는 공과책.

- **교사용 가이드**

학생용 공과의 질문에 대한 답변과 시대적 배경 설명, 활동자료 사용법에 대해 설명. (한장연몰 다운로드)

- **색칠하기**

각 과의 인물을 출력하며 색칠 할수 있도록 만든 컨텐츠. (한장연몰 다운로드)

- **스토리북**

13가지의 이야기를 담아낸 그림책으로 기초적인 질문을 통해 학습.

- **플래시애니메이션**

13과의 만화를 실감나는 영상으로 감상.
(한장연몰 다운로드)

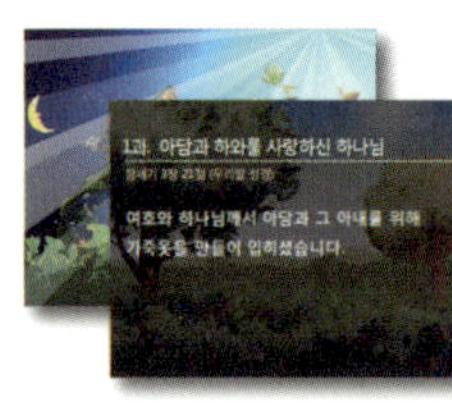

- **설교 PPT**

도입, 스토리, 퀴즈, 적용으로 구성되어 체계적으로 설교를 이끌어 냄.
(한장연몰 다운로드)

갓스토리 사용하기

영 • 유아 (3세~5세)

① 색칠하기

유치 • 유년 (5세~7세)

① 플래시애니메이션

→

② 설교PPT

→

③ 스토리북

초등 (7세~13세)

① 플래시애니메이션

→

② 설교PPT

→

③ 학생용 공과

* 가능한 수준까지 문제풀기

갓스토리 활용가이드

• 본문말씀 / 6컷 만화

성경 이야기를 올바르게 이해하기 위해 성경을 찾아 천천히 읽습니다. 공과의 내용을 뚜렷하게 알려주는 중심구절도 반복해서 읽고 묵상하도록 합니다. 본문 말씀의 핵심이 되는 6컷 만화는 역할을 맡아 읽거나 플래시 애니메이션을 보면 더욱 재미있게 읽을 수 있습니다. 만화 속에서는 말씀 다지기의 답(빨간 글씨)도 찾을 수 있도록 표시되어 있습니다.

• 말씀배우기

읽고 쓰기가 어려운 학생들을 위한 질문입니다. 스티커 붙이기, 알맞은 것에 O표, 틀린 것에 X표 하기, 맞는것 찾아 연결하기, 따라쓰기의 질문으로 구성되어 있어 성경말씀에 쉽게 접근할 수 있습니다. 질문은 수준별로 나뉘어 있어 학생 수준에 따라 학생이 풀 수 있는 질문까지 풀도록 합니다.

• 말씀다지기

읽고 쓰기가 가능한 학생들을 위한 질문입니다. 질문을 읽고 알맞은 답에 O표 하기, 빈칸에 답적기, 장문쓰기로 구성되어 있어 심화된 수준으로 성경말씀에 접근할 수 있습니다. 질문은 수준별로 나뉘어 있어 학생 수준에 따라 풀 수 있는 질문까지 풀도록 하되, 학생의 특성과 능력에 따라 정답을 보고 따라 적거나 말하는 방법으로 풀이방법을 대체하여 학생이 더욱 적극적으로 참여하도록 합니다.

• 활동하기 / 특별활동

틀린 그림 찾기, 색칠하기, 오리고 붙이고 만들기 등 다양한 활동들로 핵심 내용을 학습하도록 구성하였으며, 학생들의 수준에 따라 활동의 난이도를 교사가 조절하여 학습능력을 최대로 이끌어 줄 수 있도록 구성하였습니다. 또한 4과, 9과, 13과에는 특별활동으로 해당 과의 중심된 내용으로 구성하여 학생들이 핵심 단어나 내용을 마음으로 이해할 수 있도록 오감을 자극하는 만들기로 구성하였습니다.

• 말씀따르기 / 기도하기

학습한 내용을 일상생활에 적용하도록 학생과 약속하는 시간입니다. 말씀 따르기가 예배시간 외의 시간과 장소에서도 이루어질 수 있도록 함께 다짐하고 점검하도록 합니다. 그리고 생활에 적용을 위해 그 날에 배운 공과를 기억하고 하나님 말씀대로 살 수 있도록 기도문을 함께 읽고 기도하며 공과를 마칩니다. 마무리와 함께 학생을 향한 교사의 격려와 응원을 덧붙인다면 최고의 공과가 될 것입니다.

1과

우리의 왕이신 예수님

소 주 제 : 예수님과 왕권
본문말씀 : 요한복음 12장 13절(전체 : 요한복음 12장 12 ~16절)
중심구절 : 종려나무 가지를 꺾어 들고 예수를 맞으러 나가 "호산나! 주의 이름으로 오시는 분에게 복이 있도다!" "이스라엘의 왕에게 복이 있도다!" 하고 외쳤습니다.

❶ 예수님은 제자들과 함께 유월절을 지내려고 예루살렘에 들어 갈 준비를 하셨어요.
동네에 가면 어린 나귀가 있을 것이니 데려오너라
네~ 예수님!

❷ 제자들이 예수님 말씀을 믿고 동네에 들어가 보니 정말 어린 나귀가 한 마리 있었어요.
야! 정말 나귀가 있네!
나귀야, 너는 아주 귀한 일에 쓰일 거야!

❸ 예수님은 제자들과 함께 예루살렘 성으로 가셨어요. 제자들 중에는 예수님이 다시 살려주신 나사로도 있었어요.
자~ 예루살렘 성으로 들어가자.
출발!

❹ 많은 사람들이 예수님을 환영하기 위하여 종려나무 가지를 챙기며 준비했어요.
어머, 예수님께서 예루살렘으로 오신다고 하네!
종려나무 가지를 챙겨서 빨리 가봐요!

❺ 많은 사람들이 예수님을 보고 크게 기뻐하며 소리쳤어요.
호산나! 찬송하라!
이스라엘의 왕을 찬양하라!

❻ 하나님은 성경을 통해 "너의 왕이 어린 나귀를 타고 오신다!"는 약속을 하셨어요. 사람들은 왕이신 예수님을 보고 정말 기뻐했어요.
예수님은 온 세상의 왕이십니다!
예수님, 만세! 예수님은 우리의 왕이십니다!

단어 풀이 **호산나** 만세! 우리를 구원해 주세요! 우리를 도와주세요!

1 예루살렘 성으로 들어오시는 예수님을 보고 기뻐하는 사람들의 모습을 스티커로 붙여보세요.

2 알맞은 것에 O표, 알맞지 않은 것에 X표를 해보세요.

예수님의 말씀을 믿고 동네에 가보니   있었어요.

어린 나귀가 / 양들이

예수님은 나귀를 타고   가셨어요

사막으로 / 예루살렘성으로

많은 사람들이 예수님을 환영하며   준비했어요

종려나무 가지를 / 돌을

말씀 다지기

1 예수님은 예루살렘 성에 들어가실 때에 무엇을 타고 가셨는지 맞는 것에 O표 해보세요.

어린 나귀

낙타

기린

2 빈칸에 알맞은 답을 적어 보세요.

1. 예수님은 제자들과 함께 유월절을 지내려고 □□□□에 들어갈 준비를 하셨어요.
2. 예수님은 제자들에게 동네에 가서 어린 □□를 한 마리 데려오라고 하셨어요.
3. 예수님이 다시 살려주신 □□□도 함께 예루살렘에 들어갔어요
4. 많은 사람들이 예수님을 □□하기 위하여 종려나무 가지를 준비했어요.
5. 사람들은 □이신 예수님을 보고 정말 기뻤어요.

정답 1. 예루살렘 2. 나귀 3. 나사로 4. 환영 5. 왕

3 예루살렘 사람들이 예수님을 맞이했을 때에 했던 말을 따라 쓰거나 선생님과 함께 읽어보세요.

호산나! 이스라엘의 왕을 찬양하라!

활동하기

1 사람들의 환영을 받으며 예루살렘 성으로 들어가시는 예수님을 색칠해 보세요.

말씀 따르기

1. 왕이신 예수님이 왜 어린 나귀를 타고 예루살렘에 가셨는지 선생님과 함께 이야기해 보세요.
2. 예수님을 나의 왕으로 섬긴다면 무엇에 순종하며 살아야하는지 이야기해 보세요.

기도하기

하나님 아버지, 왕이신 예수님의 말씀에 순종하며 살겠습니다. 예수님의 이름으로 기도합니다. 아멘.

2과 하나님의 아들이신 예수님

소 주 제 : 성자이신 예수님
본문말씀 : 마태복음 3장 17절(전체 : 마태복음 3장 13 ~17절)
중심구절 : 그리고 하늘에서 소리가 들려왔습니다. “이는 내가 사랑하는 아들이다. 내가 그를 매우 기뻐한다.”

❶ 세례 요한이 요단강에서 사람들에게 물로 세례를 주고 있었어요.
회개의 세례를 받으세요!
차례차례 줄 서세요~
❷ 요한에게 세례를 받으려던 사람들 중에는 예수님도 있었어요.
이봐요! 당신도 세례 받으러 왔군요.
그렇소.
❸ 예수님이 세례를 받을 순서가 되었어요. 예수님이 다가서자 요한은 예수님을 알아보고 깜짝 놀랐어요.
내게도 세례를 주시오.
앗! 예수님! 오히려 제가 예수님께 세례를 받아야죠...
❹ 그러나 예수님은 요한에게 물로 세례를 받는 것이 하나님의 뜻이라고 말씀하셨어요.
이렇게 하는 것이 하나님의 뜻입니다.
네, 예수님...
❺ 요한은 예수님의 말씀에 순종해서 물로 세례를 드렸어요.
그럼, 물로 세례를 드릴게요...
❻ 그때 하늘이 열리고 성령이 비둘기처럼 예수님께 내려왔어요. 그리고 하늘에서 “이 사람은 내가 사랑하는 아들이요 내 기뻐하는 자이다”라는 음성이 들려 왔어요.
맞아요! 예수님은 하나님의 아들이세요!
예수님은 진짜 하나님의 아들이에요!

단어 풀이 **세례** 예수 그리스도를 주님으로 섬기면서 앞으로는 죄를 짓지 않고 예수님을 본받아 새롭게 살아갈 것을 물속에 들어가거나 물을 뿌림으로써 약속하는 의식

말씀 배우기

1 세례 요한에게 세례를 달라고 말씀하시는 예수님과 요한을 스티커로 붙여보세요.

2 알맞은 것에 O표, 알맞지 않은 것에 X표를 해보세요.

세례 요한이 요단강에서 사람들에게 ( ) 주고있었어요.

물로 세례를

선물을

세례 요한에게 세례를 받던 사람들 중에는 ( ) 있었어요.

바울도

예수님도

예수님이 물로 세례를 받으셨을 때에 ( ) 내려왔어요.

성령이 비둘기처럼

까마귀가

말씀 다지기

1 예수님은 세례 요한에게서 무엇으로 세례를 받으셨는지 맞는 것에 O표 해보세요.

포도주

강물

주스

2 빈칸에 알맞은 답을 적어 보세요.

1. □□ □□ 이 요단강에서 사람들에게 물로 세례를 주고 있었어요.
2. 세례 요한에게 세례를 받으려던 사람들 중에는 □□□ 도 있었어요.
3. 예수님은 세례 요한에게 물로 세례를 받는 것이 □□□ 의 뜻이라고 말씀하셨어요.
4. 세례 요한은 예수님의 말씀에 □□ 해서 물로 세례를 드렸어요.
5. 예수님이 물로 세례를 받으셨을 때에 □□ 이 비둘기처럼 예수님께 내려왔어요.

정답 1. 세례 요한 2. 예수님 3. 하나님 4. 순종 5. 성령

3 예수님이 물로 세례를 받았을 때, 하늘에서 들려온 음성을 따라 쓰거나 선생님과 함께 읽어보세요.

이 사람은 내가 사랑하는 아들이요.
내 기뻐하는 자이다.

활동하기

1 위의 그림과 다른 것 5가지를 아래 그림에서 찾아서 ○표 해보세요.

말씀 따르기

1. 예수님이 왜 요한에게서 물로 세례를 받았는지를 선생님과 함께 이야기해 보세요.
2. 세례를 왜 받는지 선생님과 함께 이야기를 해 보세요.

기도하기

하나님 아버지, 예수님을 닮아가는 하나님의 자녀가 되게 해 주세요. 예수님의 이름으로 기도합니다. 아멘.

3과

세상에 오신 예수님

소 주 제 : 예수님과 성육신
본문말씀 : 마태복음 2장 11절(전체 : 마태복음 2장 1 ~12절)
중심구절 : 집으로 들어가 보니 아기가 그 어머니 마리아와 함께 있었습니다. 그들은 엎드려 아기에게 경배하고 보물함을 열어 황금과 유향과 몰약을 예물로 드렸습니다.

① 동쪽에 있는 먼 나라의 박사들이 큰 별을 보고 따라가고 있어요. 아기 예수님께 경배 드리기 위하여 베들레헴으로 가고 있어요.
저 별을 따라갑시다.
저 별은 유난히도 크군요..
② 큰 별이 박사들 앞에서 움직이다가 베들레헴의 어느 마구간 위에서 멈추었어요. 박사들은 그 별을 보고 매우 기뻤어요.
드디어 별이 멈추었다!
우리가 잘 찾아 왔어요!
③ 박사들은 아기 예수님께 경배를 드린 후에 황금과 유향과 몰약을 선물로 드렸어요.
유향입니다.
황금입니다.
몰약입니다.
④ 그날 밤, 들판에서 양을 지키던 목동들도 아기 예수님을 찾아와 경배를 드렸어요.
예수님, 저희의 경배를 받아주세요.
⑤ 마구간의 말과 양들도 아기 예수님의 탄생을 함께 기뻐했어요.
흐흥~
음매~
⑥ 예수님은 하나님 말씀을 사람들에게 전하기 위해서 이 땅에 오셨어요.
예수님이 태어나신 것을 기뻐합니다!

단어 풀이 경배 높은 사람에게 무릎을 꿇고 공손히 절하는 것

말씀 배우기

1 박사들이 아기 예수님께 경배를 드리고 드린 선물 세 가지 중 두 가지를 스티커로 붙여보세요.

2 박사들이 무엇을 보고 따라가서 아기 예수님을 만났는지 선을 연결해보세요.

박사들은

달을 보고 따라갔어요.

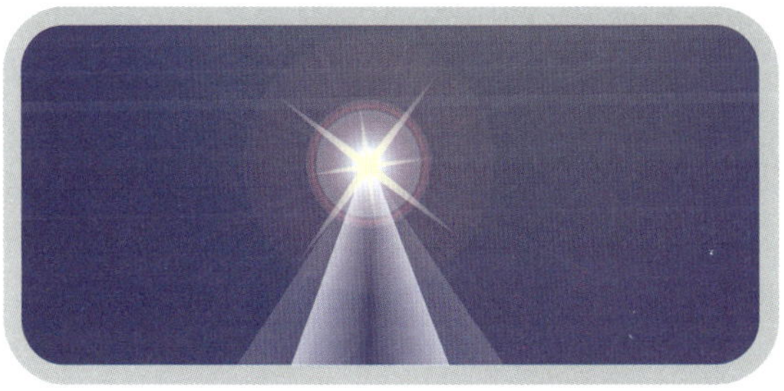

큰 별을 보고 따라갔어요.

말씀 다지기

1 무엇이 박사들을 아기 예수님께로 이끌어 갔나요?

네비게이션

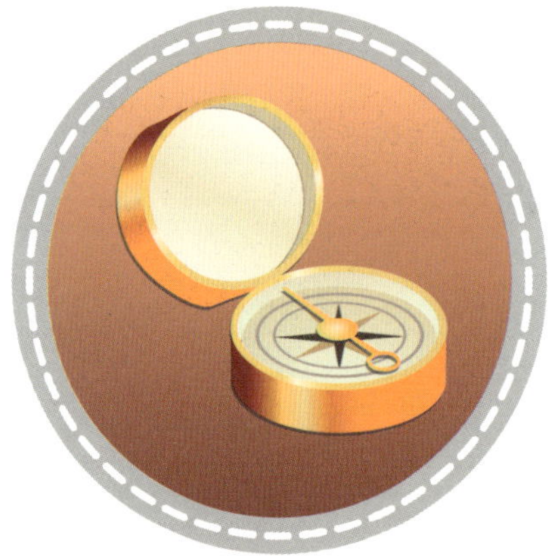

나침반

큰별

2 빈칸에 알맞은 답을 적어 보세요.

1. 동쪽에서 박사들이 □ □ 을 따라서 베들레헴으로 가고 있었어요.
2. 큰 별이 박사들 앞에서 움직이다가 베들레헴의 어느 □□□ 위에서 멈추었어요.
3. 박사들은 그 마구간에서 □□ □□□ 을 만나게 되어 매우 기뻤어요.
4. 박사들은 아기 예수님께 경배를 드린 후에 황금과 유향과 몰약을 □□ 로 드렸어요.
5. 예수님은 □□□ □□ 을 사람들에게 전하기 위해서 이 땅에 오셨어요.

정답 1. 큰 별 2. 마구간 3. 아기 예수님 4. 선물 5. 하나님말씀

3 동쪽의 박사들이 아기 예수님께 했던 말을 따라 쓰거나 선생님과 함께 읽어보세요.

예수님, 저희의 경배를 받아주세요.

활동하기

1 나를 위해 이 땅에 오신 예수님께 감사와 사랑하는 마음을 하트를 색칠하여 표현해 보세요.

말씀 따르기

1. 예수님이 왜 이 땅에 오셨는지를 선생님과 함께 이야기해 보세요.
2. 나는 누구에게 하나님 말씀을 전해야할지 함께 이야기를 나누어 보세요.

기도하기

하나님 아버지, 예수님처럼 저도 사람들에게 하나님 말씀을 전하게 해주세요. 예수님의 이름으로 기도합니다. 아멘.

4과 예수님처럼 기도해요

소 주 제 : 예수님과 기도
본문말씀 : 누가복음 22장 43, 44절(전체 : 누가복음 22장 39 ~46절)
중심구절 : 그때 하늘로부터 천사가 나타나 예수께 힘을 북돋아 드렸습니다. 예수께서는 고뇌 속에서 더욱 간절하게 기도하셨습니다. 그러자 땀이 핏방울같이 돼 땅 위에 떨어졌습니다.

① 예수님은 항상 쉬지 않고 기도를 하셨어요.
하늘에 계신 아버지여...
② 예수님은 십자가에 못 박히게 될 것을 아셨어요. 그래서 예수님은 제자들과 함께 감람산에 기도하러 올라가셨어요.
나와 함께 기도하러 가자!
휴... 너무 피곤해...
③ 예수님은 기도하시기 위해서 제자들로부터 조금 떨어진 곳에 자리를 잡으셨어요.
너희는 이곳에서 기도해라. 나는 저곳에서 기도를 하겠다.
네... 예수님...
④ 예수님은 십자가의 죽음을 생각했어요. 그래서 괴로워하면서 간절하게 기도하셨어요.
이 잔을 내게서 옮겨주세요.
그러나 내 뜻이 아닌 아버지의 뜻대로 되기를 원합니다.
⑤ 예수님은 기도를 마친 후 지쳐서 잠든 제자들을 깨웠어요. 그리고 기도하라고 말씀하셨어요.
얘들아, 시험에 빠지지 않도록 일어나 기도해라.
어.. 예수님...
⑥ 예수님은 언제나 하나님의 말씀에 순종했어요. 예수님은 쉬지 않고 항상 기도하셨어요.
이제부터 저희도 예수님처럼 열심히 기도할게요!

단어 풀이 **감람산** 이스라엘 예루살렘의 동쪽에 감람나무(올리브 나무)가 많았던 산

점선을 따라 살짝 접은 후 잡아당겨 주세요.

······ 안으로 접는 선

—·— 바깥으로 접는 선

- - - - 자르는 선

<활동하기!> 기도하는 예수님 카드 만들기

선을 따라 안으로 접어주세요.

"시험에 빠지지 않도록
일어나 기도하라"

예수님처럼

__________하며

하나님 말씀에

순종하겠습니다.

〈 만드는 과정 〉

1. 책에서 활동지를 모두 분리하고 점선을 따라서 그림을 오려줍니다.
2. 가운데 접는 선을 따라 그림을 반으로 접습니다.
3. 안쪽의 빈칸을 채우고 함께 큰소리로 읽고 기도로 마무리합니다.

1. 

2. 

3. 
예수님처럼
기도 하며
하나님 말씀에

* 완성된 카드는 집에 잘 보이는 곳에 세워두고 기도하는 것을 잊지않고 실천할 수 있도록 지도해주세요.

말씀 배우기

1 **기도하는 예수님과 잠든 제자들을 스티커로 붙여보세요.**

말씀 다지기

2 **빈칸에 알맞은 답을 적어 보세요.**

1. 예수님은 제자들과 함께 감람산에 □□하러 올라 가셨어요.
2. 예수님은 □□□로부터 조금 떨어진 곳에서 기도를 하셨어요.
3. 예수님은 □□□의 죽음을 생각하시면서 간절하게 기도하셨어요.
4. 예수님은 제자들에게 □□에 빠지지 않도록 일어나 기도하라고 하셨어요.
5. 예수님은 언제나 □□□ □□에 순종하셨어요.

정답 1. 기도 2. 제자들 3. 십자가 4. 시험 5. 하나님말씀

말씀 따르기

1. 예수님은 하나님 말씀에 순종하시려고 무엇을 하셨는지 함께 이야기해보세요.
2. 나의 기도제목을 선생님과 함께 나누어 보세요.

기도하기

하나님 아버지, 예수님처럼 기도하며 하나님 말씀에 순종하겠습니다. 예수님의 이름으로 기도합니다. 아멘.

5과 말씀으로 이기신 예수님

소 주 제 : 예수님과 성경
본문말씀 : 마태복음 4장 4절(전체 : 마태복음 4장 1 ~11절)
중심구절 : 예수께서 대답하셨습니다. "성경에 기록됐다. '사람이 빵으로만 사는 것이 아니라 하나님의 입에서 나오는 모든 말씀으로 산다.'"

① 예수님이 성령님을 따라 사막에 가셨어요. 예수님은 그곳에서 40일 동안 아무것도 먹지 않았어요. 그래서 배가 아주 고팠어요.
아... 너무 배가 고프다.
② 예수님이 배가 고프실 때 마귀가 다가와 첫 번째 시험을 했어요.
당신 하나님의 아들 맞아? 그러면 돌로 떡을 만들어 먹어 보시지.. 킥킥킥
성경에는 사람이 떡으로만 사는 것이 아니라 하나님 말씀으로 사는 것이라고 적혀있다!
③ 마귀는 하나님 말씀으로 시험을 이기는 예수님을 보고 깜짝 놀랐어요. 그러나 마귀는 다시 예수님을 성전 꼭대기로 데리고 가서 두 번째 시험을 했어요.
성경에는 주 너의 하나님을 시험하지 말라고 적혀있다!
여기서 뛰어내려 봐! 네가 하나님의 아들이라면 천사들이 너를 붙잡아 줄 거라고 성경에 적혀있더군!
④ 마지막으로 마귀는 예수님을 높은 산으로 데리고 갔어요. 마귀는 예수님께 세상을 보여주며 세 번째 시험을 했어요.
자~ 이 세상을 봐봐! 정말 멋지지. 나한테 엎드려 절하면 이 모든 것을 다 줄게!
사탄아 물러가라! 오직 하나님만 섬겨야 한다!
⑤ 마귀는 하나님 말씀으로 싸우는 예수님을 이길 수 없음을 알고 멀리 도망갔어요.
에잇!! 내 말이 먹히질 않아~ 빨리 도망가자!
⑥ 예수님은 하나님 말씀으로 마귀의 시험을 모두 이겼어요.
예수님은 하나님의 아들입니다!
예수님은 하나님의 아들입니다!

단어 풀이 섬기다 상대방을 귀하게 여겨 높여주며 잘 대접하는 것

1 하나님의 말씀으로 시험을 이기신 예수님과 도망가는 마귀를 스티커로 붙여보세요.

2 예수님이 첫 번째 시험 때 마귀에게 하신 말씀을 따라 써보세요.

사람이 떡으로만 사는 것이 아니라

하 나 님 의

말 씀 으로 사는 것이다!

말씀 다지기

1 **예수님은 성령님을 따라 사막에 가셔서 며칠 동안 아무것도 먹지 못했나요?**

4일

40일

400일

2 **빈칸에 알맞은 답을 적어 보세요.**

1. 예수님은 □□□을 따라서 사막에 나가 40일 동안 아무것도 먹지 못했어요.
2. 예수님은 "사람이 떡으로만 사는 것이 아니라 □□□ □□으로 사는 것이다."라고 말씀하셨어요.
3. 예수님은 "주 너의 하나님을 □□하지 말라."고 말씀하셨어요
4. 예수님은 "오직 하나님만 □□□ □□."고 말씀하셨어요.
5. 예수님은 하나님 말씀으로 마귀의 시험을 모두 □□□□.

정답 1. 성령님 2. 하나님 말씀 3. 시험 4. 섬겨야 한다 5. 이겼어요

3 **예수님이 마귀에게 하셨던 말씀을 따라 쓰거나 선생님과 함께 읽어보세요.**

오직 하나님만 섬겨야 한다!

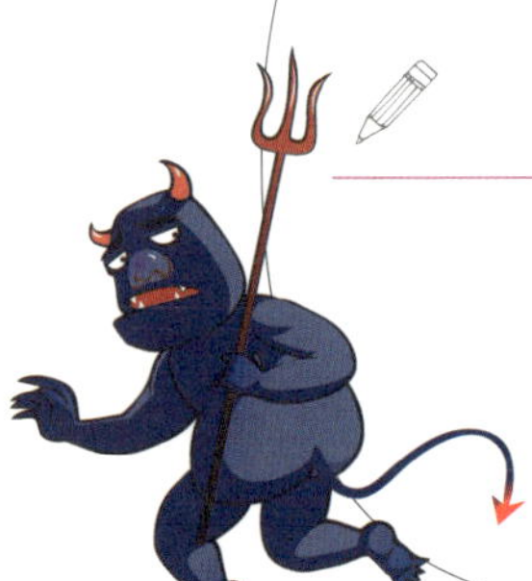

활동하기

1 예수님이 마귀의 시험을 말씀으로 이긴 순서대로 선을 이어보세요.

도착
하나님 말씀으로 이기신 예수님
하나님을 시험하지 말라!
오직 하나님만 섬겨야 한다!
사람은
하나님의 말씀으로 사는 것이다!
출발

말씀 따르기

1. 예수님은 마귀의 시험을 무엇으로 모두 이기셨는지 함께 이야기해보세요.
2. 내가 좋아하는 성경말씀은 무엇이 있는지 선생님과 함께 이야기해보세요.

기도하기

하나님 아버지, 예수님처럼 하나님 말씀으로 모든 어려움을 이길 수 있게 해주세요. 예수님의 이름으로 기도합니다. 아멘.

6과 우리의 의사이신 예수님

소 주 제 : 예수님과 치료
본문말씀 : 마태복음 9장 35절(전체 : 마태복음 9장 35~36절, 누가복음 4장 40절)
중심구절 : 예수께서 모든 도시와 마을을 두루 다니시며 회당에서 가르치시고 하늘나라 복음을 전파하시며 모든 질병과 아픔을 고쳐 주셨습니다.

아이고... 아파 죽겠네...
사는게 너무 힘들어...

① 사람들은 병이 들어서 아프기도 하고 여러 가지 고생으로 힘들어하며 살고 있었어요.

회개하라! 천국이 가까이 왔다!
아멘~

② 예수님은 모든 도시와 마을을 다니시면서 불쌍한 사람들에게 하나님 말씀을 가르치시고 천국 복음을 전파하셨어요.

네 죄가 용서받았다.
저도 고쳐주세요~
앗! 병이 다 나았어요!

③ 그뿐만 아니라, 예수님은 사람들의 모든 질병과 모든 약한 것을 고쳐 주셨어요.

너무 아파...
불쌍한 사람들...
어휴... 너무 힘들어...

④ 예수님은 목자 없는 양처럼 고생하며 살아가는 사람들을 불쌍히 여기셨어요.

제 아들을 고쳐주세요~
제 친구도 고쳐주세요~

⑤ 늦은 시간에 사람들이 온갖 병자들을 예수님께 데리고 와도 예수님은 그들에게 일일이 손을 얹어 모두 치료해 주셨어요.

예수님은 우리를 고치시고 치료하시는 분이세요!
예수님, 감사합니다.

⑥ 예수님은 우리의 질병과 아픔을 고쳐주시는 의사와 같은 분이세요.

단어 풀이 **질병** 몸을 아프게 하는 여러 가지 병들

1 병 고침을 받아 기뻐하는 사람과 예수님을 스티커로 붙여보세요.

2 예수님을 만나 병을 고침 받은 후의 사람들의 얼굴 표정은 어떠한 모습일까요?

기뻐함

계속 아파함

슬픔

말씀 다지기

1 예수님이 모든 도시와 마을을 다니시면서 사람들에게 무엇을 전하셨는지 O표 해보세요.

편지들

택배

천국복음

2 빈칸에 알맞은 답을 적어 보세요.

1. 예수님은 모든 도시와 마을을 다니시면서 불쌍한 사람들에게 천국 ☐☐ 을 전파하셨어요.
2. 예수님은 사람들의 모든 ☐☐ 과 모든 약한 것을 고쳐 주셨어요.
3. 예수님은 ☐☐ 없는 양처럼 고생하며 살아가는 사람들을 불쌍히 여기셨어요.
4. 예수님은 늦은 시간에도 온갖 병자들을 ☐☐ 해 주셨어요.
5. 예수님은 우리의 질병과 아픔을 고쳐주시는 ☐☐ 와 같은 분이세요.

정답 1. 복음 2. 질병 3. 목자 4. 치료 5. 의사

3 예수님이 사람들에게 전하셨던 말씀을 따라 쓰거나 선생님과 함께 읽어보세요.

회개하라 천국이 가까이 왔다!

활동하기

1 세 가지 숫자에 이어진 줄을 따라가 예수님이 하신 일이 맞으면 ○표 틀리면 X표를 해보세요.

①
②
③
예수님은
도시와 마을을 다니시며 복음을 전하셨어요.
사람들의 모든 질병을 고쳐주셨어요.
고생하는 사람들을 불쌍히 여기셨어요.

말씀 따르기

1. 예수님은 어떤 사람들을 불쌍히 여기셨는지 선생님과 함께 이야기해보세요.
2. 나보다 약하거나 아픈 사람들 보면 어떻게 해야 할지를 함께 이야기해보세요.

기도하기

하나님 아버지, 예수님처럼 불쌍한 사람들을 도와주겠습니다. 예수님의 이름으로 기도합니다. 아멘.

7과 용서하시는 예수님

소 주 제 : 예수님과 용서

본문말씀 : 누가복음 23장 34절(전체 : 누가복음 23장 1 ~37절)

중심구절 : 예수께서 말씀하셨습니다. “아버지, 저들을 용서해 주소서. 저들은 자기들이 하고 있는 일을 알지 못합니다.” 그때 군인들은 제비를 뽑아 예수의 옷을 나눠 가졌습니다.

❶ 유대 지도자들과 백성들은 예수님을 십자가에 못 박으라고 빌라도에게 큰 소리로 요청했어요.
예수를 십자가에 못 박아라!!
못 박아라!!

❷ 빌라도는 유대인들에게 예수님으로부터 어떠한 죄를 찾을 수 없다고 말했어요.
내가 보기엔 예수는 죄가 없어 보인다!
웅성~ 웅성~

❸ 그 때, 무리들은 예수님을 죽이고 살인자 바라바를 놓아달라고 일제히 큰 소리로 외쳤어요.
예수를 죽이고 우리에게 바라바를 주시오!!

❹ 유대인들이 더욱 큰 소리로 예수님을 십자가에 못 박으라고 외치자 빌라도는 예수님을 십자가에 못 박도록 하였어요.
예수를 빨리 십자가에 못 박아라!!!
어쩔 수 없군... 너희가 원하는 대로 하라!

❺ 결국 유대 지도자들과 유대 무리들의 온갖 비웃음과 조롱 가운데 예수님은 십자가에 못 박히셨어요. 그러나 예수님은 자신을 미워하는 사람들을 용서해달라고 기도하셨어요.
흥!!! 쯧쯧쯧!!!
하나님 아버지, 저 사람들을 용서해 주세요.

❻ 예수님께서는 우리의 죄를 용서하시기 위해서 십자가에 못 박히셨어요.
나의 죄와 잘못을 용서해 주신 예수님...
나를 용서하신 예수님, 감사합니다...

단어 풀이 조롱 무시하면서 비웃거나 얕보고 놀리는 것

말씀 배우기

1 십자가에 못 박으라고 소리치는 사람들 앞에 서 있는 예수님과 빌라도를 스티커로 붙여보세요.

2 예수님이 십자가에 못 박히신 후 뭐라고 기도하셨는지 선을 연결해보세요.

예수님은

벌을 내려주세요.

사람들에게 벌을 내려달라고 기도했어요.

용서해주세요.

사람들을 용서해 달라고 기도하셨어요.

말씀 다지기

1 **유대 지도자들과 백성들은 예수님을 어디에 못 박으라고 소리 질렀는지 O표 해보세요.**

십자가

큰 나무

성벽

2 **빈칸에 알맞은 답을 적어 보세요.**

1. 유대인들은 예수님을 십자가에 못 박으라고 ☐☐☐에게 큰 소리로 요청했어요.
2. 빌라도는 예수님으로부터 어떠한 ☐를 찾을 수 없다고 유대인들에게 말했어요.
3. 빌라도는 유대인들이 원하는 대로 결국 예수님을 ☐☐☐에 못 박았어요.
4. 죄 없이 십자가에 못 박히신 예수님은 자신을 미워하는 사람들을 ☐☐해달라고 기도하셨어요.
5. ☐☐☐은 우리의 죄를 용서하시기 위해서 십자가에 못 박히셨어요.

정답 1. 빌라도 2. 죄 3. 십자가 4. 용서 5. 예수님

3 **예수님이 십자가 위에서 하셨던 말씀을 따라 쓰거나 선생님과 함께 읽어보세요.**

하나님 아버지, 저 사람들을 용서해 주세요.

활동하기

1 우리의 죄를 용서하시기 위해 십자가에 못 박히신 예수님을 색칠해보세요.

말씀 따르기

1. 아무 죄도 없으신 예수님은 왜 십자가에 못 박히셨나요?
2. 나에게 잘못한 사람이 있다면 어떻게 해야 할까요?

기도하기

하나님 아버지, 예수님이 나의 죄를 용서하신 것처럼 저도 나에게 잘못한 사람을 용서하겠습니다. 예수님의 이름으로 기도합니다. 아멘.

8과 십자가에서 죽으신 예수님

소 주 제 : 예수님과 고난
본문말씀 : 누가복음 23장 43절(전체 : 누가복음 23장 26 ~49절)
중심구절 : 예수께서 그에게 대답하셨습니다. "내가 진실로 네게 말한다. 오늘 네가 나와 함께 낙원에 있을 것이다."

① 유대인들은 로마 총독 빌라도에게 예수님을 십자가에 못 박아 달라고 강력하게 요청했어요.
예수를 십자가에 못 박으시오!
나 참... 알겠소...
② 예수님은 골고다라는 곳에서 십자가에 못 박히셨고 예수님의 양 옆에는 죄수들이 못 박혀 있었어요.
아버지, 저들을 용서해 주세요...
③ 그때 한 죄수가 예수님께 화를 내며 모욕하는 말을 했어요.
네가 그리스도라면서 왜 그러고 있는 거야! 나 좀 살려줘!
④ 이를 듣고 있던 다른 죄수는 예수님을 모욕한 죄수를 꾸짖으며 말했어요.
너는 하나님이 두렵지도 않니?
우리는 죄를 지었기 때문에 당연히 벌 받아 죽는 거야!
⑤ 회개한 죄수는 예수님을 모욕한 죄수에게 계속 말을 했어요.
예수님은 아무런 죄가 없어! 그런데도 우리의 죄를 용서하시려고 십자가에서 죽는 거라고...
⑥ 회개한 죄수는 십자가에 달리신 예수님을 바라보며 말했어요.
예수님, 하나님 나라에 들어가실 때에 저를 기억해 주세요...
너는 분명히 나와 함께 낙원에 있을 것이다.

단어 풀이 **모욕** 보잘 것 없이 생각하여 부끄럽게 만드는 것 / **요청** 필요한 것을 간절하게 부탁하는 것

말씀 배우기

1 십자가에 달린 회개한 죄수와 예수님을 스티커로 붙여보세요.

2 예수님께서 누구에게 나와 함께 낙원에 있을 것이라고 말하셨는지 O표 해보세요.

회개한 죄수

빌라도

유대인들

말씀 다지기

1 유대인들의 말을 듣고 예수님을 십자가에 못 박은 사람은 누구인가요?

제자들

빌라도

목동들

2 빈칸에 알맞은 답을 적어 보세요.

1. 빌라도는 ☐☐☐ 라는 곳에서 유대인들이 요청한대로 예수님을 십자가에 못 박았어요.
2. 예수님의 십자가 양 옆에 ☐☐☐ 이 한 명씩 못 박혀 있었어요.
3. ☐☐ 하지 않은 죄수는 예수님께 나쁜 말을 하며 자신을 살려보라고 소리쳤어요.
4. 그러나 회개한 죄수는 예수님에게는 아무 ☐ 가 없다고 말했어요.
5. 회개한 죄수는 예수님께 하나님 나라에 들어갈 때에 자신을 ☐☐ 해 달라고 부탁했어요.

정답 1. 골고다 2. 죄수들 3. 회개 4. 죄 5. 기억

3 회개한 죄수가 예수님께 했던 말을 따라 쓰거나 선생님과 함께 읽어보세요.

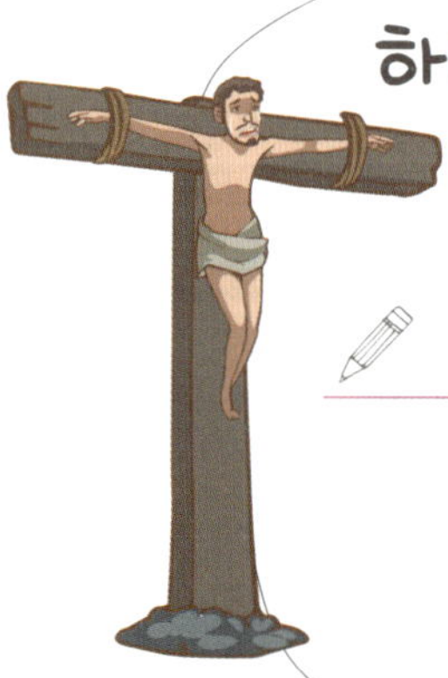

하나님 나라에 들어가실 때에 저를 기억해 주세요.

활동하기

1 기도카드에 내가 잘못한 것을 적고 하나님께 용서해 달라고 함께 기도해요.

말씀 따르기

1. 자신의 죄를 회개한 죄수는 예수님과 함께 어디에 들어갈 수 있었나요?
2. 나의 잘못을 용서해달라고 하나님께 함께 기도해요.

기도하기

하나님 아버지, 저의 잘못과 죄를 용서하시고 하나님 나라에 들어갈 수 있도록 저를 기억해 주세요. 예수님의 이름으로 기도합니다. 아멘.

9과 다시 살아나신 예수님

소 주 제 : 예수님과 부활
본문말씀 : 누가복음 24장 39절(전체 : 누가복음 24장 1 ~49절)
중심구절 : 내 손과 내 발을 보라. 바로 나다! 나를 만져 보고 쳐다보라. 유령은 살과 뼈가 없다. 그러나 너희가 보다시피 나는 있지 않느냐?

① 제자들이 예수님의 시체가 없어진 것을 알고 슬퍼했어요. 슬픔에 빠진 제자 2명이 엠마오 마을을 향해 떠났어요.
예수님 시체마저 없어지다니...
휴... 이젠 어떡하지...

② 엠마오로 가는 두 제자에게 부활하신 예수님이 찾아오셨어요. 그러나 두 제자는 부활하신 예수님을 알아보지 못했어요.
이보게들~
누구세요?

③ 저녁때 예수님과 함께 음식을 먹게 된 두 제자는 그때서야 예수님을 알아보았어요.
떡을 먹거라.
앗! 예수님이다!!

④ 부활하신 예수님을 만나서 정말 기뻤던 두 제자는 예루살렘에 있는 다른 제자들을 찾아가서 예수님이 다시 살아나셨다는 소식을 알렸어요.
예수님이 다시 살아나셨어요!!
뭐라고!! 예...예수님이 다시 살아나셨다고?

⑤ 제자들이 서로 말하고 있을 때 갑자기 예수님이 나타나셨고 제자들은 다시 살아나신 예수님을 보고 유령인줄 알고 깜짝 놀랐어요.
다들 잘 있었느냐?
앗! 깜짝이야!!
누.....누구세요?

⑥ 예수님은 제자들에게 손과 발의 못 자국을 보여 주시면서 자신이 다시 살아났음을 알리셨어요.
나를 만져 보라 유령은 살과 뼈가 없지만 보다시피 나는 살과 뼈가 있다.
예수님이 다시 살아나셨다!!

단어 풀이 엠마오 이스라엘에 있는 마을 이름

점선을 따라 살짝 접은 후 잡아당겨 주세요.

안으로 접는 선

바깥으로 접는 선

자르는 선

빨간 선 따라
그림을 오려주세요.

<활동하기!>

예수님이 다시 살아나셨어요!

〈 만드는 과정 〉

1. 책에서 활동지를 분리하고 빨간 선을 따라 그림을 오려줍니다.
2. 카드 안쪽 접는 선을 따라 그림을 안쪽으로 접어줍니다.
3. 하얀 점선을 따라 예수님을 오려줍니다.
4. 부활하신 예수님을 소리내어 고백하며 카드 안 쪽의 빈칸에 예수님을 붙여줍니다.
5. 완성된 카드를 가지고 십자가에서 죽으신 예수님이 부활하시고 제자들에게 나타나신 말씀을 한 번 더 복습하고 기도로 마칩니다.

1. 2. 3. 4.

* 완성된 카드로 학생이 직접 십자가에서 죽으신 예수님, 그리고 부활하신 예수님, 제자들에게 나타나신 예수님을 다른 친구들과 가족들에게 전할 수 있도록 지도해 주시면 좋겠습니다.
* 종이가 두꺼워서 접는 활동이 어려울 수 있습니다. 접는 선을 커터칼 등 부분을 사용하여 선을 그어 주면 좀 더 쉽게 접을 수 있습니다.

하얀 선 따라
그림을 오려주세요.

내 손과 내 발을 보라.
바로 나다!
나를 만져 보고 쳐다보라.
유령은 살과 뼈가 없다.
그러나 너희가 보다시피
나는 있지 않느냐?

-누가복음 24장 39절

하나님 아버지,
예수님의 부활을 믿습니다.
또한 저도 예수님과 함께 부활할 줄
믿습니다. 예수님의 이름으로
기도합니다. 아멘.

점선부분을 안으로 접어주세요.

점선부분을 안으로 접어주세요.

말씀 배우기

1 예수님의 부활을 알리는 제자들과 소식을 듣고 놀라는 제자들을 스티커로 붙여보세요.

말씀 다지기

1 빈칸에 알맞은 답을 적어 보세요.

1. 제자들은 예수님의 ☐☐ 가 없어진 것을 알고 슬퍼했어요.
2. 슬픔에 빠져 엠마오로 가던 두 제자는 ☐☐ 하신 예수님을 만났어요.
3. 부활하신 예수님을 만난 두 제자는 ☐☐ ☐☐☐ 을 찾아가 예수님의 부활소식을 알렸어요.
4. 제자들은 다시 살아나신 예수님을 보고 ☐☐ 인줄 알고 깜짝 놀랐어요.
5. 예수님은 ☐ 과 ☐ 의 ☐ ☐☐ 을 보여 주시며 자신이 다시 살아나셨음을 알려주셨어요.

정답 1. 시체 2. 부활 3. 다른 제자들 4. 유령 5. 손, 발, 못자국

말씀 따르기

1. 부활하신 예수님은 지금 어디에 계신지를 선생님과 함께 이야기해보세요.
2. 예수님의 부활을 기뻐하는 찬양을 선생님과 함께 불러보세요.

기도하기

하나님 아버지, 예수님의 부활을 믿습니다. 또한 저도 예수님과 함께 부활할 줄 믿습니다. 예수님의 이름으로 기도합니다. 아멘.

10과 하늘로 오르신 예수님

소 주 제 : 예수님과 승천
본문말씀 : 사도행전 1장 9절(전체 : 사도행전 1장 6 ~11절)
중심구절 : 예수께서 이 말씀을 하신 뒤 그들의 눈앞에서 들려 올라가셨습니다. 그리고 예수의 모습이 이내 구름 속으로 사라져 보이지 않게 됐습니다.

언제 이스라엘 나라가 다시 세워지나요?
그 때는 하나님 아버지만 아신다.

❶ 제자들이 언제 이스라엘 나라가 다시 세워질 수 있을지 예수님께 물었어요.

다만 너희는 성령을 받고 온 세상에 복음을 전하라!
온 세상에 복음을 전하라고요?

❷ 그러고 예수님은 제자들이 무엇을 먼저 해야 하는지 말씀해 주셨어요.

예수님이 하늘로 올라가신다!
우와~ 어떻게 저....럴 수가?

❸ 예수님은 제자들에게 온 세상에 복음을 전하라고 명령하시고 하늘로 올라가셨어요.

어... 예수님이 더 이상 안보이네...
구름 때문에 안 보여!

❹ 예수님이 하늘의 구름에 가려서 더 이상 보이지 않았지만 제자들은 계속 하늘을 쳐다봤어요.

예수님은 하늘로 올라가신 그대로 다시 오실 거예요.
왜 서서 하늘만 쳐다보고 있나요?

❺ 그때 흰 옷 입은 두 사람이 제자들 곁에 서서 말했어요.

예수님 믿으세요!
예수님 믿으세요!
예수님 믿어야 하나님 나라에 갑니다!

❻ 제자들은 예수님이 말씀하신대로 세상 곳곳을 다니면서 복음을 열심히 전했어요.

단어 풀이 복음 (하나님께서 우리를 고통과 죄악과 죽음에서 구해 내시려고) 예수 그리스도를 통해 알려주신 기쁜 소식

1 하늘로 올라가시는 예수님과 그 모습을 놀라며 바라보는 제자를 스티커로 붙여보세요.

2 예수님이 하늘로 올라가시며 제자들에게 하신 말씀을 찾아 연결해 보세요.

예수님

돈을 많이 많이 벌어라!

온 세상에 복음을 전하라!

말씀 다지기

1 부활하신 예수님은 어디로 올라가셨는지 O표 해보세요.

하늘

빌딩

산

2 빈칸에 알맞은 답을 적어 보세요.

1. 부활하신 예수님은 제자들에게 □□ 을 받으라고 말씀하셨어요.
2. 예수님은 제자들에게 성령을 받고 온 세상에 복음을 전하라고 □□ 하셨어요.
3. 예수님은 제자들에게 말씀을 마치신 후에 □□ 로 올라가셨어요
4. 제자들에게 흰 옷 입은 두 사람이 나타나 예수님은 □□ □□ □ 이라고 알려 주었어요.
5. 제자들은 예수님의 말씀대로 세상 곳곳에 □□ 을 열심히 전했어요.

정답 1. 성령 2. 명령 3. 하늘 4. 다시 오실 것 5. 복음

3 예수님이 하늘로 올라가기 전에 제자들에게 하신 말씀을 따라 쓰거나 선생님과 함께 읽어보세요.

온 세상에 복음을 전하라!

활동하기

1 복음을 전하는 제자들의 모습이 서로 같은 그림을 찾아 선을 그어 연결해 보세요.

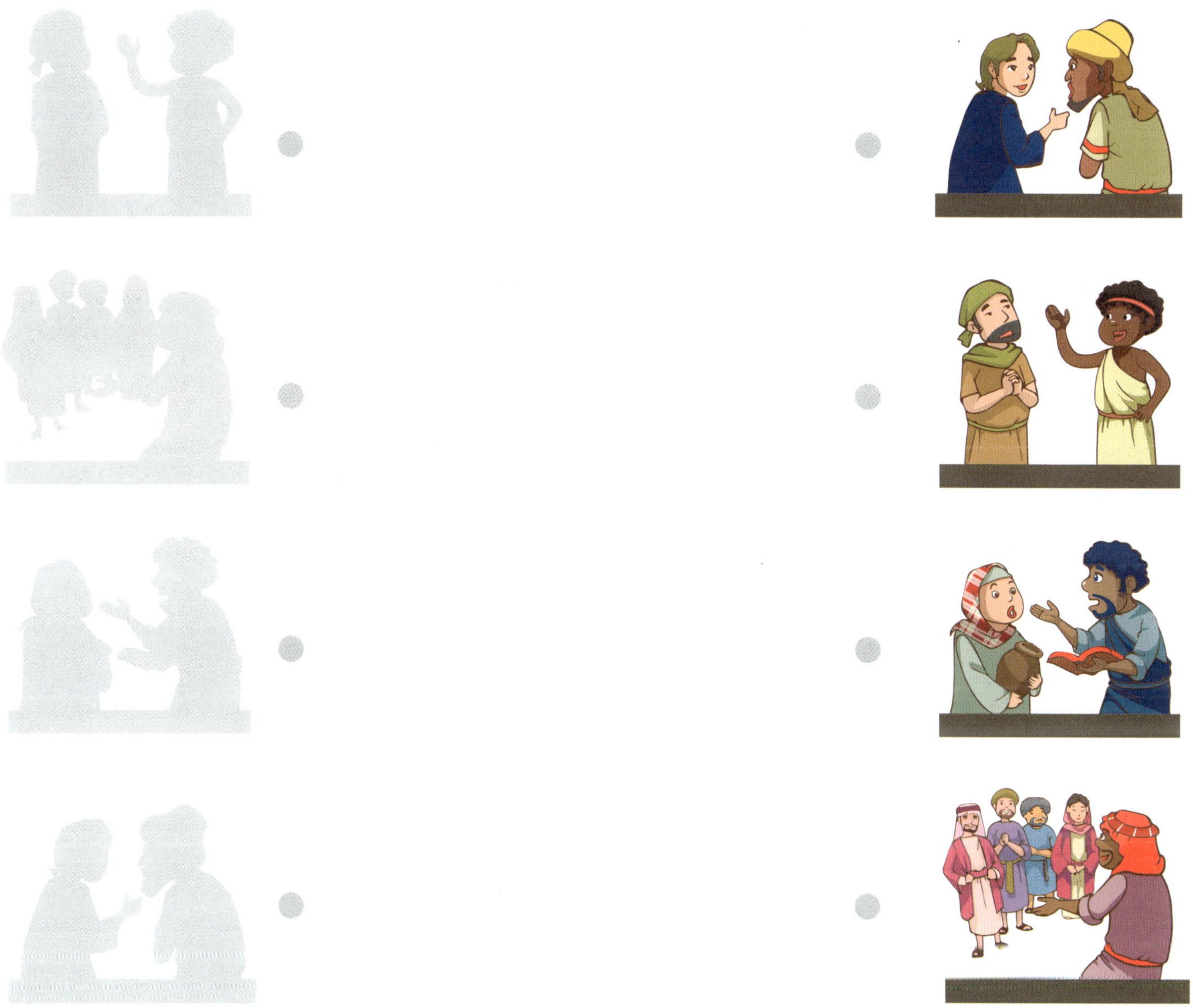

말씀 따르기

1. 어떤 방법으로 이웃에게 복음을 전할 수 있는지를 선생님과 함께 이야기해보세요.
2. 누구에게 복음을 전할지를 함께 생각해 보세요

기도하기

하나님 아버지, 이웃들에게 복음을 전할 수 있도록 도와주세요. 예수님의 이름으로 기도합니다. 아멘.

11과 다시 오실 예수님

소 주 제 : 예수님과 재림
본문말씀 : 누가복음 21장 27절(전체 : 누가복음 21장 27절, 사도행전 1장 2~14절)
중심구절 : 그때 사람들은 인자가 구름을 타고 능력과 큰 영광 가운데 오는 것을 보게 될 것이다.

① 예수님은 죽으신 후에 다시 살아났어요. 그리고 제자들에게 40일 동안 나타나 하나님 나라에 대하여 말씀하셨어요.
하나님 나라의 일은...

② 예수님은 제자들에게 하나님이 약속하신 선물을 받도록 예루살렘에서 기다리라고 말씀하셨어요.
예루살렘을 떠나지 말고 아버지께서 약속하신 것을 기다려라.
네, 예수님~

③ 하나님이 약속하신 선물은 성령으로 세례를 받는 것이었어요.
요한은 물로 세례를 주었으나 너희는 곧 성령으로 세례를 받을 것이다.

④ 제자들은 하나님의 나라가 당장 세워지는 것인지 예수님께 물었어요.
지금 하나님의 나라를 다시 세우실건가요?
때와 시기는 하나님 아버지만 아신다.

⑤ 예수님은 제자들에게 성령을 받고 세상 끝까지 복음을 전하는 사람이 되라고 말씀하셨어요. 그리고 난 다음 하늘로 올라가셨어요.
성령을 받으면 땅 끝까지 가서 나의 증인이 되거라!
네~!!

⑥ 예수님은 다시 오실 때 구름을 타고 큰 영광을 보이시며 오실 것이라고 말씀하셨어요.
예수님이 다시 오신다고 약속하셨어!
다시 오실 예수님을 기다리자!

단어 풀이 **증인** 어떤 일을 똑바로 알고 있어서 그것을 정확하게 알릴 수 있는 사람

말씀 배우기

1 제자들에게 하나님이 약속하신 것이 무엇인지 설명하시는 예수님을 스티커로 붙여보세요.

2 알맞은 것에 O표, 알맞지 않은 것에 X표를 해보세요.

예수님은 하나님이 약속하신 선물인   기다리라고 하셨어요.

성령을 받도록 / 황금을 받도록

예수님은 제자들에게 성령을 받고   하셨어요.

함께 놀러 다니라고 / 복음을 전하라고

예수님은 하늘로 올라가시면서   하셨어요.

다시 오신다고 / 이제 못 본다고

말씀 다지기

1 예수님은 부활하신 후에 제자들에게 무엇에 대하여 말씀하셨는지 맞는것에 O표 해보세요.

사람이 없는 무인도

하나님 나라

동물들이 많은 곳

2 빈칸에 알맞은 답을 적어 보세요.

1. 부활하신 예수님은 제자들에게 ☐☐☐ 동안 나타나 하나님 나라에 대해 말씀하셨어요.
2. 예수님은 제자들에게 하나님이 약속하신 ☐☐ 을 받도록 예루살렘에서 기다리라고 하셨어요.
3. 하나님이 약속하신 선물은 ☐☐ 으로 세례를 받는 것이었어요.
4. 예수님은 성령을 받고 세상 끝까지 ☐☐ 을 전하는 사람이 되라고 말씀하셨어요.
5. 예수님은 하늘로 올라가시면서 다시 오실 것을 ☐☐ 하셨어요.

정답 1. 40일 2. 선물 3. 성령 4. 복음 5. 약속

3 예수님이 제자들에게 하신 말씀을 따라 쓰거나 선생님과 함께 읽어보세요.

너희는 곧 성령으로 세례를 받을 것이다.

활동하기

1 땅 끝까지 복음을 전하라고 말씀하시고 하늘로 올라가시는 예수님을 색칠해보세요.

말씀 따르기

1. 성령을 받으면 누구를 세상에 알려야 하는지를 선생님과 함께 생각해보세요
2. 성령을 받으면 어떤 마음이 생기는지를 선생님과 함께 이야기해보세요.

기도하기

하나님 아버지, 내 안에도 성령님이 계시도록 해주세요. 예수님의 이름으로 기도합니다. 아멘.

12과 구원자이신 예수님

소 주 제 : 예수님과 구원
본문말씀 : 사도행전 4장 12절 (전체 : 사도행전 4장 12절)
중심구절 : 예수 외에 다른 어느 누구에게서도 구원을 받을 수 없습니다. 하나님께서는 하늘 아래 우리가 구원받을 만한 다른 이름을 우리에게 주신 일이 없기 때문입니다.

① 제자들은 예수님이 부활하신 것을 사람들에게 전했고 많은 사람들은 예수님을 믿기 시작했어요.
예수님께서는 다시 살아나셨어요~!!
예수님 믿읍시다.
예수님 믿으세요~!!
② 종교지도자들은 제자들이 사람들에게 예수님의 부활을 가르치는 것이 싫어서 제자들을 잡아 감옥에 가뒀어요.
부활이라니… 말도 안 되는 소리!
제자들을 감옥에 가둬라!
③ 다음날, 대제사장들과 종교 지도자들은 제자들에게 벌을 주기 위해 재판을 열었어요.
제자들을 재판하여 벌을 줘야겠으니 감옥에서 제자들을 데려와라!
④ 대제사장은 제자들에게 어떤 권한으로 사람들을 가르치는지 물었어요.
누가 예수의 부활을 가르치라고 허락했느냐?
⑤ 이에 성령이 충만한 베드로가 부활하신 예수님의 이름으로 착한 일을 하는 것이라고 대답했어요.
당신들이 십자가에 못 박아 죽였지만 다시 살아나신 예수님의 이름으로 일합니다.
앗! 또 예수의 이름을 전하네!!
⑥ 베드로는 더욱 큰 목소리로 예수님의 이름으로만 구원을 받을 수 있다고 외쳤어요. 대제사장과 종교 지도자들은 더 이상 제자들을 꾸짖을 수 없었어요.
오직 예수님의 이름으로만 구원을 받을 수 있어요!
끙… 흠…

단어 풀이 **투덜거림** 매우 화가 나거나 마음에 들지 않아서 혼자서 작은 소리로 계속 말하는 것

말씀 배우기

1 부활하신 예수님을 자신 있게 전하는 베드로를 스티커로 붙여주세요.

2 내용이 맞은 것에 O표, 알맞지 않은 것에 X표를 해보세요.

제자들이 많은 사람들에게 전한 것은

부활하신 예수님이에요.

바울이예요.

예수님의 부활을 전하는 제자들은

마음껏 전도했이요

붙잡혔어요.

베드로는 착한 일을

예수님의 이름으로
한다고 했어요.

우상의 이름으로
한다고 했어요.

말씀 다지기

1 제자들이 전한 말을 듣고 많은 사람들이 누구를 믿기 시작했는지 O표 해보세요.

빌라도

종교지도자들

예수님

2 빈칸에 알맞은 답을 적어 보세요.

1. 제자들은 □□□의 □□을 많은 사람들에게 전했어요.
2. 종교 지도자들은 예수님의 부활을 전하는 제자들이 싫어서 □□에 가두었어요.
3. 대제사장들과 종교 지도자들은 제자들에게 □을 주려고 재판을 열었어요.
4. 성령이 충만한 베드로는 부활하신 □□□의 □□으로 착한 일을 한다고 했어요.
5. 베드로는 큰 목소리로 예수님의 이름으로만 □□을 받을 수 있다고 외쳤어요.

정답 1. 예수님, 부활 2. 감옥 3. 벌 4. 예수님, 이름 5.구원

3 베드로가 대제사장과 종교 지도자들에게 외친 말을 따라 쓰거나 선생님과 함께 읽어보세요.

오직 예수님의 이름으로만 구원을 받을 수 있어요!

활동하기

1 위의 그림의 사람들이 한 일이 맞는 것을 찾아 연결해보세요.

제자들은

붙잡힌 베드로는

종교지도자들은

대제사장은

예수님의 부활을 선하는 제자들이 싫어서 붙잡아 가두었어요.

제자들에게 벌을 주기 위해 재판을 열었어요.

예수님의 부활을 많은 사람들에게 전했어요.

예수님의 이름으로만 구원을 받을 수 있다고 외쳤어요.

말씀 따르기

1. 구원을 받으려면 어떻게 해야 하는지를 선생님과 함께 생각해보세요.
2. 구원 받은 사람은 누구를 용감하게 전할 수 있는지를 선생님과 이야기해보세요.

기도하기

하나님 아버지, 저도 베드로처럼 부활하신 예수님을 용감하게 전할 수 있도록 해주세요. 예수님의 이름으로 기도합니다. 아멘.

13과 예수님과 함께 가는 하나님 나라

소 주 제 : 예수님과 하나님 나라
본문말씀 : 요한복음 14장 6절(전체 : 요한복음 13장 36절 ~14장 6절)
중심구절 : 예수께서 도마에게 말씀하셨습니다. "나는 길이요, 진리요, 생명이니 나를 통하지 않고서는 아버지께로 올 사람이 없다."

① 예수님은 하나님 나라에 먼저 가서 제자들이 있을 곳을 준비하신다고 말씀하셨으나 제자들은 예수님의 말씀을 이해하지 못했어요.
내가 하나님 나라에 먼저 가서 너희들이 있을 곳을 준비하겠다.
잉? 무슨 말씀이시지??

② 예수님은 어리둥절해 하는 제자들에게 다시 데리러 오시겠다고 말씀하셨어요.
내가 다시 와서 너희를 하나님 나라로 데리고 갈 것이다.
아....아니 예수님, 무슨 말씀이세요? 다시 오신다구요?

③ 그때 의심 많은 도마가 하나님 나라로 가는 길을 알지 못한다고 투덜거렸어요.
예수님이 어느 길로 가시는지도 모르는데 어떻게 따라가요?
내가 곧 그 길이요 진리요 생명이니 나를 믿기만 해라. 그러면 하나님 나라에 갈 수 있단다.

④ 도마에 이어서 빌립도 예수님께 하나님 아버지를 보여 달라고 졸랐어요.
예수님, 하나님 아버지를 우리에게 보여주시면 더 이상 소원이 없겠어요.
휴~ 나랑 그렇게 오랫동안 함께 있었는데도 내가 누구인지 모르겠니?

⑤ 예수님은 자신을 본 것이 곧 하나님을 본 것이라고 제자들에게 말씀했어요.
네. 예수님, 믿습니다!
나를 본 것이 곧 하나님을 본 것이다. 내가 아버지 안에 그리고 아버지는 내 안에 계신 것을 믿어라.

⑥ 하나님 나라는 오직 예수님과 함께 갈 수 있는 곳이에요.
야~호! 출발!

단어 풀이 반석 어떠한 것을 지탱해 주는 견고하고 든든한 기본 바탕을 비유적으로 이르는 말. / 흔들림 없는 신앙을 비유

말씀 배우기

1 하나님 나라에 대해 이야기를 하는 예수님과 질문하는 도마의 모습을 스티커로 붙여보세요.

2 하나님 나라는 누구를 믿어야 갈 수 있는지 O표 해보세요.

예수님

바울

베드로

말씀 다지기

1 예수님은 어디에 먼저 가서 제자들이 있을 곳을 준비하신다고 말씀하셨나요?

하나님 나라

따뜻한 나라

추운 나라

2 빈칸에 알맞은 답을 적어 보세요.

1. 예수님은 □□□ □□에 먼저 가서 제자들이 있을 곳을 준비하신다고 했어요.
2. 의심 많은 □□는 하나님 나라로 가는 길을 모른다고 투덜거렸어요.
3. □□도 예수님께 하나님 아버지를 보여 달라고 졸랐어요.
4. 예수님은 자신을 본 것이 곧 □□□을 본 것이라고 제자들에게 말씀했어요.
5. 하나님 나라는 오직 □□□과 함께 갈 수 있는 곳이에요.

정답 1. 하나님 나라 2. 도마 3. 빌립 4. 하나님 5. 예수님

말씀 따르기

1. 하나님 나라는 어떤 곳인지를 선생님과 함께 이야기해보세요.
2. 하나님이신 예수님을 잘 알려면 어떻게 해야 하는지를 선생님과 이야기해보세요.

기도하기

하나님 아버지, 하나님 나라는 오직 예수님과 함께 갈 수 있는 곳임을 믿습니다. 예수님의 이름으로 기도합니다. 아멘.

<활동하기!> 예수님과 함께 가는 하늘나라 가방 만들기

점선을 따라 살짝 접은 후 잡아당겨 주세요.

안으로 접는 선

바깥으로 접는 선

자르는 선

점선을 따라 살짝 접은후 잡아당겨 주세요.

〈 만드는 과정 〉

1. 책에서 활동지를 모두 분리하고 가방의 모양을 따라 오려줍니다.
2. 손집이 안 쪽 부분은 칼로 오려주고 가방을 반으로 접습니다.
3. 두 번째 장의 티켓을 모양대로 모두 오려줍니다. 오려 둔 티켓에 하얀 네모 모양이 있는 곳은 학생의 이름을 적습니다.
4. 접은 가방을 열고 티켓들을 가방 안에 붙여 넣어줍니다.
5. 완성된 가방은 책상 앞이나 집의 잘 보이는 곳에 걸어두고 가방 안의 내용물들을 잘 기억하며 매일 준비하여야 함을설명해 주시고 기도로 활동을 마무리합니다.

1.

2.

3.

4.

5.

* 여행을 갈 때 필요한 것들을 미리 준비하며 가방을 싸 놓습니다. 그것처럼 우리가 예수님과 함께 하늘나라에 가기 위해 필요한 것들을 계속 잊지않고 준비하여야 함을 알려주시고 각 티켓마다 거기에 맞는 설명을 해주시면서 활동을 해주시면 됩니다.
* 티켓의 울퉁불퉁한 모양이 오리기 어려울 수 있습니다. 그럴 경우 선생님께서 도와주시거나 그냥 직선으로 오릴 수 있도록 지도해주세요.

세상에서 가장 재미있는 갓스토리

열두 번째 이야기

아들

STICKER 1

살아계신
하나님의 아들 이야기!

5p

9p

13p

19p

21p

25p

29p

33p

39p

41p

45p

49p

53p

세상에서 가장 재미있는 갓스토리

열두 번째 이야기

아들

STICKER 2

살아계신
하나님의 아들 이야기!

5p

9p

13p

19p

21p

25p

29p

33p

39p

41p

45p

49p

53p